은근히 이상하고 신비한

멸종동물

크리스티나 반피 글
로셀라 트리온페티 그림
김지연 옮김

보랏빛소 어린이
Borabit Cow

차례

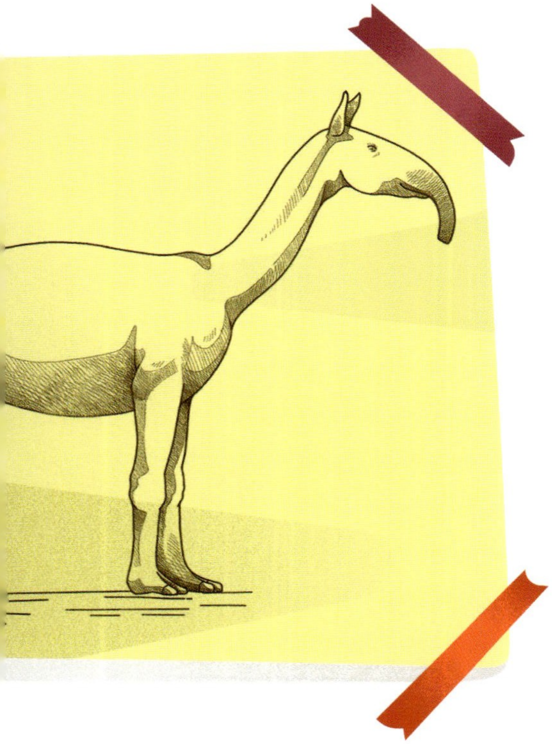

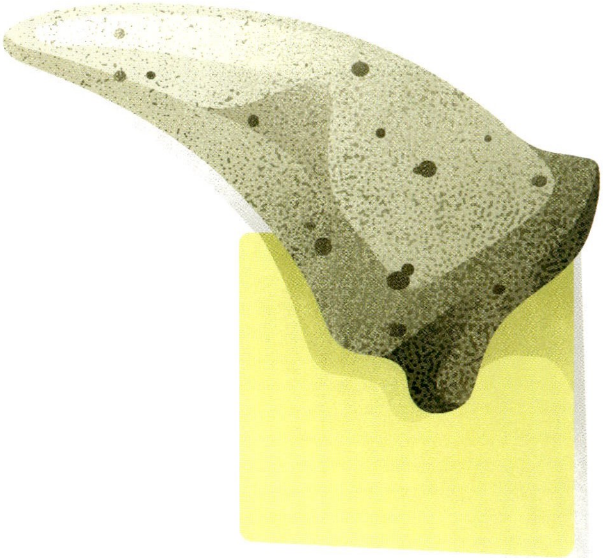

플라티벨로돈 37

아르시노이테리움 38

브론토테리움 39

인드리코테리움 40

엘라스모테리움 42

기간토피테쿠스 44

케라토가울루스 46

레이티아 47

티타니스 48

자이언트펭귄 49

디프로토돈 50

메갈로돈 52

오늘날에는 어떨까요? 54

황금두꺼비 56

여행비둘기 57

양쯔강돌고래 58

카리브해몽크물범 60

스텔러바다소 61

자와호랑이 62

와라 63

멸종이란 무엇일까요?

아주 먼 옛날에, 코뿔소를 닮았지만 뿔은 없는 동물이 있었어요. 이 동물의 이름은 '인드리코테리움'이었어요. 인드리코테리움은 오늘날 코뿔소 몸무게의 10배에 달했고, 기린처럼 키가 아주 컸답니다.
그리고 옛날에는 코끼리만큼 크고 웜뱃과 비슷한 '디프로토돈'도 있었지요. 그밖에도 아르마딜로와 비슷한데 자동차만큼 커다란 '글립토돈', 코끼리인데 양만큼 자그마한 '난쟁이코끼리' 등, 마치 환상 동화에서나 나올 것 같은 이상한 동물들이 실제로 지구에 있었어요!
하지만 오늘날 우리는 이 동물들을 볼 수 없어요. 왜냐하면 이 동물들은 모두 멸종되었기 때문이에요.

'멸종'이란 어떤 한 종의 동물들이 지구에 하나도 남지 않고 모조리 사라진 상태를 가리켜요.
왜 동물들이 멸종되는 걸까요? 지구를 강타한 운석 때문에, 날씨가 변하거나 먹이가 부족해져서 멸종됐어요.
마치 공룡들이 사라진 이유 같지요! 또 어떤 동물들은 사람의 영향으로 멸종되기도 했어요.

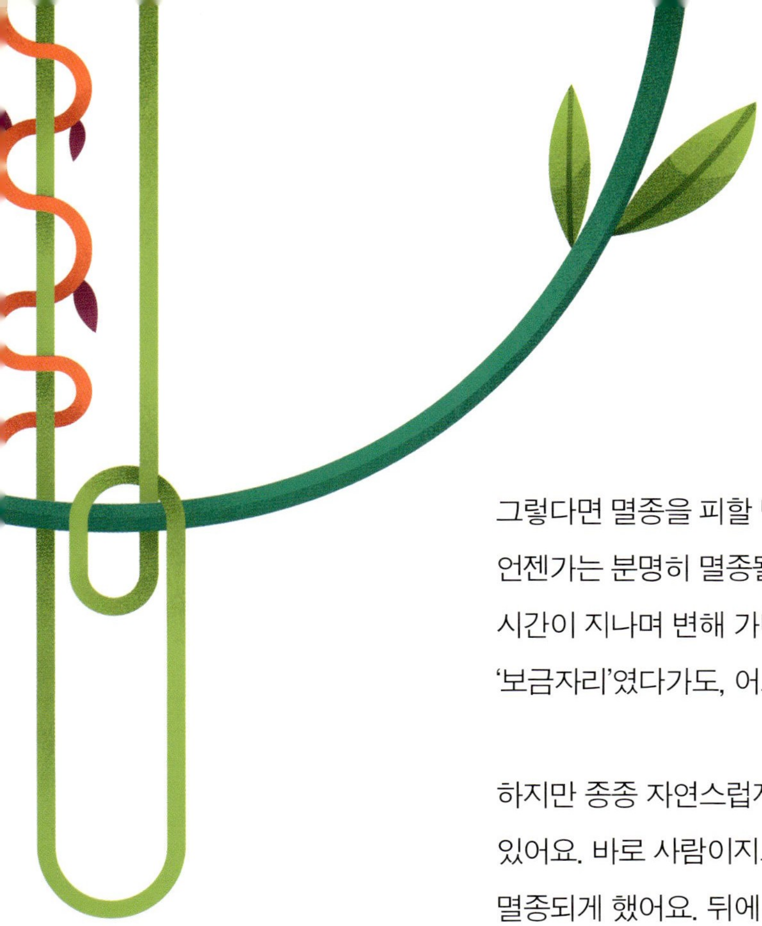

그렇다면 멸종을 피할 방법이 있을까요? 답은 '아니요.'예요. 모든 동물은 언젠가는 분명히 멸종될 운명에 처해 있어요. 우리가 사는 이 지구의 환경은 시간이 지나며 변해 가니까요. 때로 어떤 공간은 한때 살아 있는 생명체들의 '보금자리'였다가도, 어느새 아무도 받아들이지 못하는 '빈집'이 되기도 해요.

하지만 종종 자연스럽지 않은 방법으로 동물들을 멸종되게 만드는 존재가 있어요. 바로 사람이지요. 사람은 무분별하고 무책임하게 동물들을 사냥하여 멸종되게 했어요. 뒤에 나올 '도도'가 이런 경우지요. 그런가 하면, 사람이 동물들의 환경을 망가뜨려서 동물이 멸종되는 경우도 있어요. 뉴질랜드의 '하스트수리'는 사람들의 사냥으로 먹잇감이 부족해지면서 멸종되었어요.

그렇다면 멸종된 동물들은 우리와 영원히 이별한 것일까요?
꼭 그렇지만은 않아요. 간혹 아주 드물게, 멸종된 것으로 여겨졌던 종이 오랜 세월 뒤에 살아 있는 것으로 밝혀지기도 하니까요. 과학자들은 이런 동물을 '라자루스 종'이라고 해요. 정말 놀라운 일이지요?

자, 그럼 과거 지구에 있었던 은근히 이상하고 신비한 멸종 동물들을 하나씩 소개할게요. 두 눈 크게 뜨고 따라오세요!

도도

칠면조와 비슷한 크기의 날지 못하는 새,
도도는 인도양의 모리셔스 섬에 살았어요.
이 섬은 무척 따듯해서 도도의 먹잇감이
일 년 내내 가득했어요.

**도도는 한 번에
한 개의 알을
둥지에 낳았어요.**

학명 : 라푸스 쿠쿨라투스(Raphus cucullatus)
생존 시기 : 제4기(약 200만 년 전~현대)★
식성 : 잡식
길이 : 약 75센티미터
멸종 시기 : 1681년 경
멸종 원인 : 사람이 데려온 다른 동물의 공격,
그리고 사람의 무분별한 사냥으로 멸종.

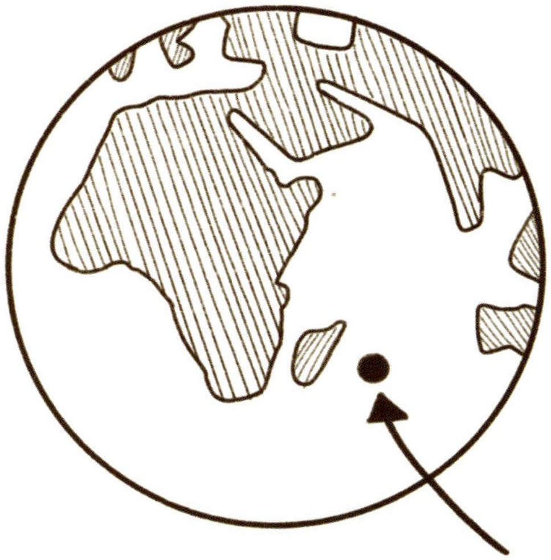

도도는 인도양의
모리셔스 섬에서만
살았어요.

도도는 통통한 몸집을 지녔고, 식욕이 왕성했을 것으로 추측돼요.
도도는 발견하는 거의 모든 것을 모았어요. 씨앗, 떨어진 과일,
해변에서 발견한 연체동물, 움직이는 게까지 모두 먹었지요.

암컷 도도는 땅에 그대로 둥지를 틀었어요.
도도가 사는 섬에는 도도의 천적이 없었기 때문에,
알을 지킬 필요가 없었던 것이지요.

헉, 도도와 눈 마주쳤어!
난 죽었다!

★ 지구에 다양한 동식물이 등장한 시기는
크게 고생대, 중생대, 신생대로 나뉘어요.
'신생대'는 약 6,500만 년 전부터 현대까지를 말해요.
여기서 다시 신생대를 세 가지 시기로 나누면,
'팔레오기'는 약 6,500만~2,300만 년 전,
'네오기'는 약 2,300만~258만 년 전,
'제4기'는 약 258만 년 전~현대를 가리켜요.

태즈메이니아 주머니늑대

학명 : 틸라시누스 시노세팔루스 (Thylacinus cynocephalus)
생존 시기 : 제4기(약 200만 년 전~현대)
식성 : 육식
길이 : 몸길이 130센티미터 + 꼬리 50센티미터
높이 : 어깨까지 약 60센티미터
멸종 시기 : 1936년
멸종 원인 : 사람이 데려온 다른 동물의 공격, 그리고 사람의 무분별한 사냥으로 멸종.

태즈메이니아주머니늑대, 또는 태즈메이니아늑대라 불리는 이 동물은 회갈색을 띠었고, 등에는 줄무늬가 있었어요. 오세아니아에서 가장 큰 포식자 중 하나였지요.

등에는 15~20개의 줄무늬가 있었어요.

암컷 태즈메이니아주머니늑대는 캥거루처럼 새끼를 넣는 주머니가 있었어요. 한 번에 네 마리까지 낳을 수 있었고, 새끼들은 오랜 시간 동안 어미에게 보호를 받았답니다.

머리의 생김새가 늑대 머리와
비슷했어요. 그래서 이름에
'늑대'가 붙었지요.

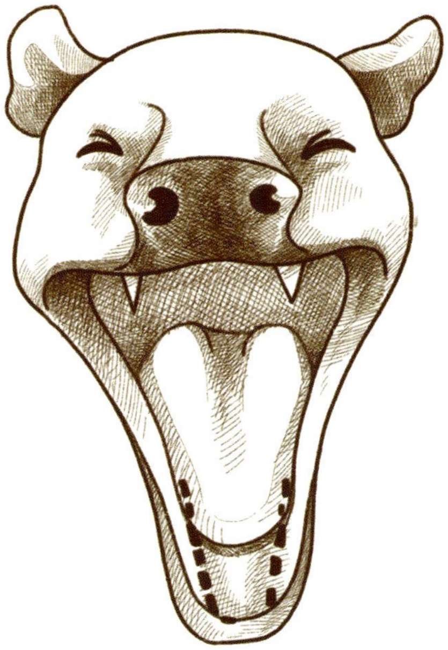

테즈메이니아주머니늑대는 주로
해질녘이나 밤에 활동했고,
낮에는 거의 잠을 잤어요.
먹이를 사냥할 때는 혼자, 또는
짝을 지어 조용히, 천천히 사냥감에
다가갔습니다. 캥거루 등의 동물을 즐겨 먹었어요.

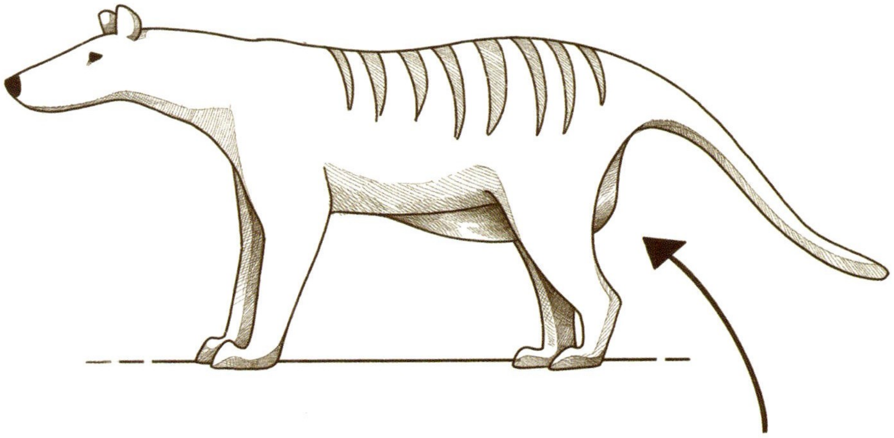

어미 테즈메이니아주머니늑대는
주머니에 새끼들을 넣고
무럭무럭 키웠어요.

메갈로케로스

이 사슴의 가장 인상적인 특징은
거대한 나뭇가지처럼 자란 뿔이에요.
양 뿔의 길이가 3.5미터에 이르렀고,
무게는 약 50킬로그램에 달했답니다.

학명 : 메갈로케로스 기간테우스 (Megaloceros giganteus)
생존 시기 : 제4기 (약 200만 년 전~현대)
식성 : 초식(풀, 새싹)
길이 : 약 3.2미터
높이 : 어깨까지 약 2미터
멸종 시기 : 약 9,000년 전
멸종 원인 : 사람의 사냥과 기후 변화로 멸종.

수컷 메갈로케로스들은 짝짓기 기간이 되면,
암컷에게 뿔을 뽐내거나, 경쟁자와 뿔로 싸웠어요.
엄청난 뿔의 무게를 견딜 수 있도록, 목 주변은
두꺼운 근육으로 둘러싸여 있었어요.

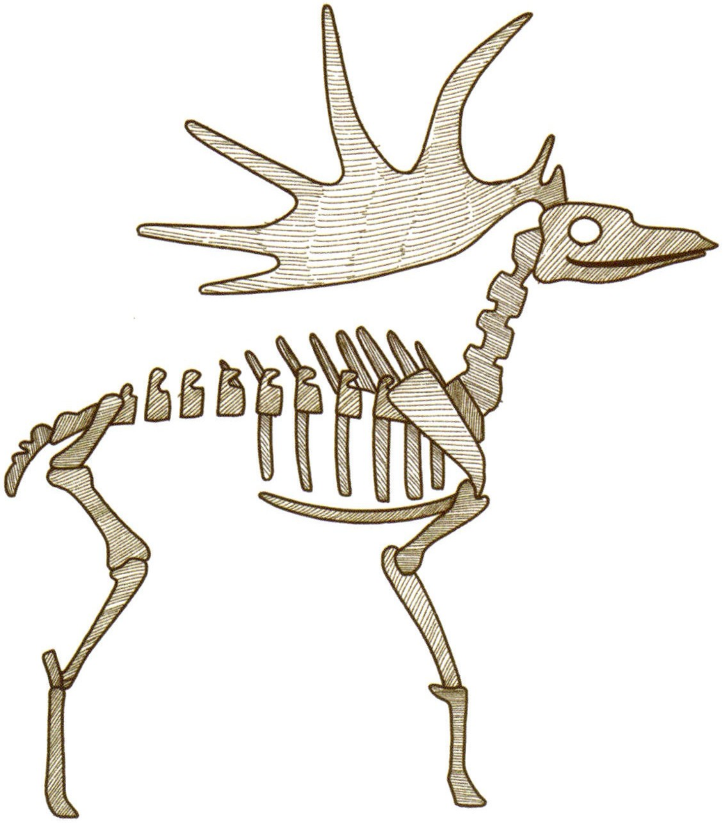

메갈로케로스는
목이 아주 두껍고
목에 근육이 많았어요.

양 뿔을 잰 길이는 무려 3.5미터,
무게는 50킬로그램이나 되었어요.

메갈로케로스는 유럽과 아시아의 초원에 살았어요.
탁 트인 넓은 초원에서는 메갈로케로스의
거대한 뿔이 나뭇가지에 걸릴 일이 적었어요.
그래서 자유로이 돌아다닐 수 있었지요.

스밀로돈

빙하기 후기에는 지구에 사나운 육식 동물이 많았어요. 이중 생김새가 호랑이와 닮아 '검치호랑이'라고도 불리는 스밀로돈도 있었답니다. 스밀로돈은 입을 다물어도 위쪽 송곳니가 겉으로 뾰족하게 튀어나와 있었어요. 스밀로돈은 이 거대한 이빨로 사냥감의 목을 찌르고, 사냥감의 숨통이 끊어지면 날름 잡아먹었어요.

학명 : 스밀로돈 파탈리스(Smilodon fatalis)
생존 시기 : 신생대(약 6,500만 년 전~현대)
식성 : 육식
길이 : 약 2.5미터
높이 : 약 1.2미터
멸종 시기 : 약 1만 년 전
멸종 원인 : 기후 변화와 먹이 부족으로 멸종.

스밀로돈은 사납고 무서운 생김새로 유명해요. 눈에 띄게 기다란 이빨 때문에 더 무서워 보이지요. 이 이빨 하나의 길이가 28센티미터나 된답니다.

하지만 이토록 긴 이빨은 의외로 단단하지 않았어요. 종종 부러지기도 했을 정도지요!

으르렁! 스밀로돈은
튼튼한 턱으로 입을
120도까지 벌릴 수 있었어요.

한번 부러진 이빨은
다시 나오지
않았어요.

이빨이 부러지는 건 큰 문제였어요.
사냥을 잘 못하고, 먹이를 얻지
못하면 굶어 죽게 될 테니까요.

호모테리움 (시미타고양이)

호모테리움은 검은 표범만 한 크기의 동물이었어요. 앞다리가 뒷다리보다 훨씬 기다란 게 특징이었지요. 이 모습이 마치 하이에나처럼 보였답니다.

학명 : 호모테리움 라티덴스 (Homotherium latidens)
생존 시기 : 제4기(약 200만 년 전~현대)
식성 : 육식
길이 : 약 2미터
높이 : 약 1.1미터
멸종 시기 : 약 2만 8,000년 전
멸종 원인 : 기후 변화와 먹이 부족으로 멸종.

호모테리움

동굴사자

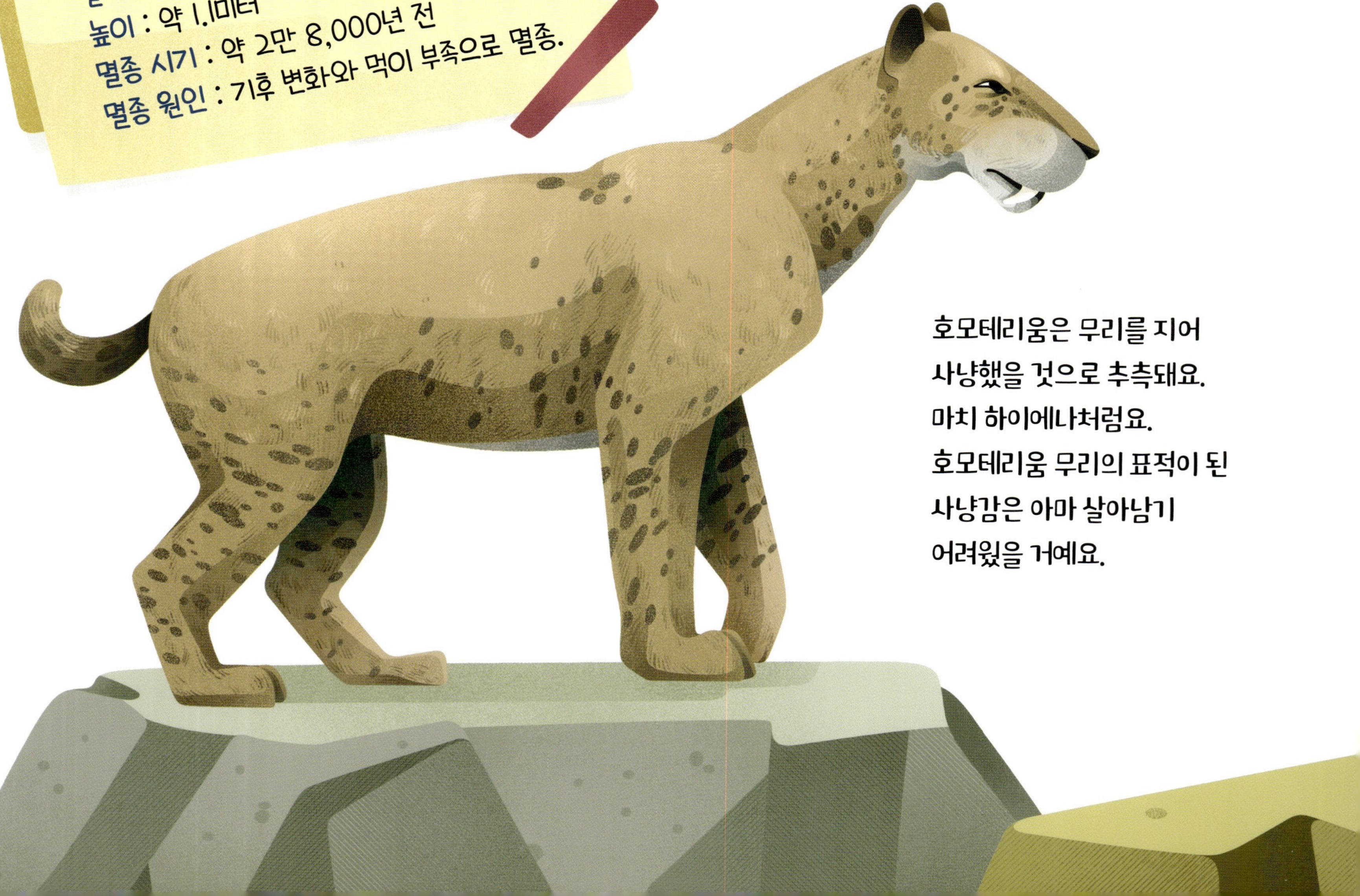

호모테리움은 무리를 지어 사냥했을 것으로 추측돼요. 마치 하이에나처럼요. 호모테리움 무리의 표적이 된 사냥감은 아마 살아남기 어려웠을 거예요.

동굴사자

과거 유럽에 있던 사자들은 오늘날 아프리카의 사자들보다 더 크고 강했어요.
특히 동굴사자는 지금까지의 육식 동물 가운데 가장 무서운 동물 중 하나였어요.
동굴사자는 강한 턱으로 순록, 들소 같은 큰 동물들을 쉽게 잡아먹었고,
심지어 겨울잠을 자던 곰까지 습격하여 사냥하곤 했어요.

프랑스의
쇼베 동굴에 그려진
동굴사자 벽화

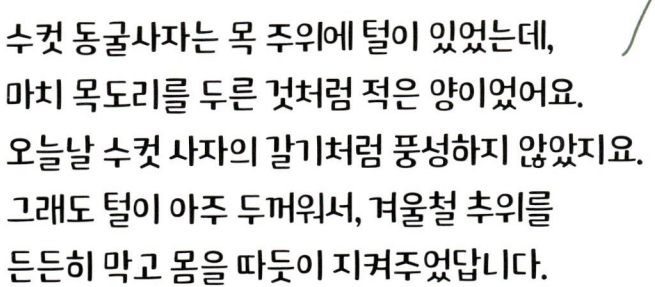

학명 : 판테라 스페라에아
(Panthera spelaea)
생존 시기 : 제4기(약 200만 년 전~현대)
식성 : 육식
길이 : 꼬리를 제외한 몸길이 약 2.1미터
높이 : 어깨까지 약 1.2미터
멸종 시기 : 약 1만 1,000년 전
멸종 원인 : 기후 변화, 먹이 부족 및 다른 육식 동물과의 경쟁으로 멸종.

동굴사자는 앞을 막는 것은 무엇이든 해치우고,
어떤 먹잇감이든 쓰러뜨릴 것처럼 용맹하게
유럽 중부의 차가운 초원을 돌아다녔어요.
아마 여럿이 무리를 짓지 않고, 홀로 사냥하는
방법을 택했을 것으로 추측돼요.

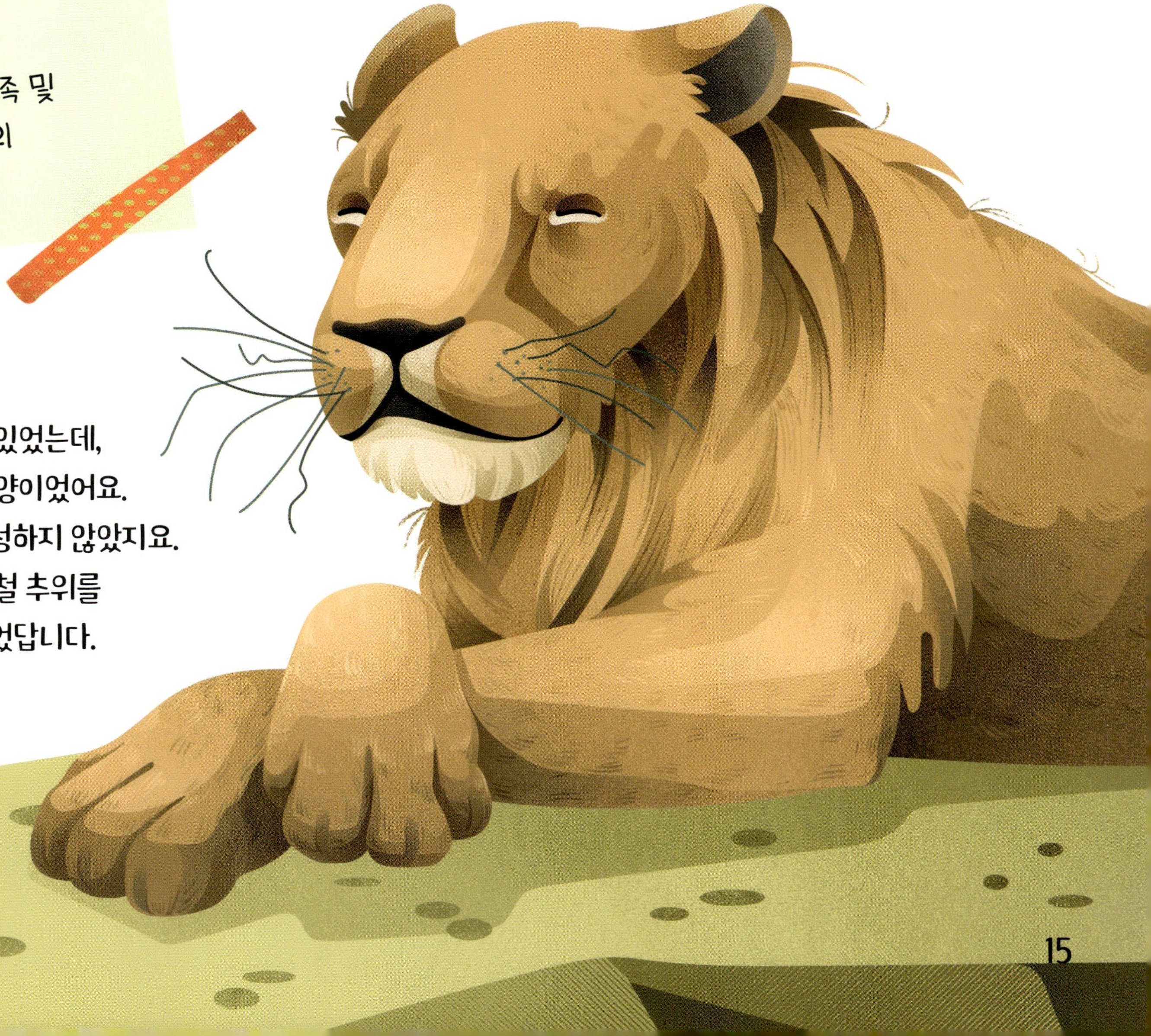

수컷 동굴사자는 목 주위에 털이 있었는데,
마치 목도리를 두른 것처럼 적은 양이었어요.
오늘날 수컷 사자의 갈기처럼 풍성하지 않았지요.
그래도 털이 아주 두꺼워서, 겨울철 추위를
든든히 막고 몸을 따듯이 지켜주었답니다.

동굴곰

유럽에 있는 동굴 곳곳에서 많은 수의 곰 뼈 화석이 발견되었어요. 이곳의 동굴곰들은 빙하기 후기에 나타나, 중간 높이의 산속을 돌아다녔어요. 몸집은 오늘날의 불곰보다 더 컸어요.

동굴곰들은 추운 겨울이 오면, 봄이 올 때까지 동굴에서 겨울잠을 자며 지냈을 것으로 추측돼요.
한 동굴에 많은 동굴곰이 모여 살 수 있었고, 암컷 동굴곰은 그곳에서 새끼를 낳았지요.

동굴곰의 이빨 화석을 연구한 결과,
동굴곰들은 뿌리, 잎, 열매, 버섯 등의
식물을 먹었다는 것이 밝혀졌어요.
그 큰 몸집을 유지하려면 아마도
아주 많은 양을 먹어야 했을 거예요!

학명 : 우르수스 스페라에우스(Ursus spelaeus)
생존 시기 : 제4기(약 200만 년 전~현대)
식성 : 초식
높이 : 2미터 이상
멸종 시기 : 약 2만 4,000년 전
멸종 원인 : 기후 변화로 멸종.

난쟁이코끼리

오늘날의 코끼리에 비해 몸집이 아주 작은 코끼리가 있었어요.
이 코끼리는 '난쟁이코끼리'라고 불려요.
이탈리아 남부의 시칠리아 섬과 키프로스 섬에 걸친 지중해 일대에 살았어요.
생활 방식은 오늘날의 아시아코끼리와 매우 비슷했어요.

코끼리들의 전형적인 특징인 날카로운 엄니가 있었고,
이 엄니를 이용해 잎과 풀을 잘라먹었어요.
암컷은 수컷에 비해 몸집도 엄니도 모두 작았답니다.

난쟁이코끼리는 지중해 일대의 섬에 널리 서식했어요.

학명 : 팔레올록소돈 팔코네리 (Palaeoloxodon falconeri)
생존 시기 : 제4기 (약 200만 년 전~현대)
식성 : 초식(잎, 열매 등)
길이 : 약 1.5미터
높이 : 약 90센티미터
멸종 시기 : 약 7만 년 전
멸종 원인 : 기후 변화로 멸종.

긴 엄니가 나 있다면, 수컷 난쟁이코끼리예요!

난쟁이코끼리의 크기가 작았던 이유는 '환경에 적응하기 위해서'로 추측돼요. 섬의 먹이가 부족할 경우, 작은 동물이 먹이를 적게 먹어서 살아남기 유리하거든요. 이렇게 섬에 사는 동물들의 크기가 작아지는 일을 '섬 왜소화 현상'이라고 해요.

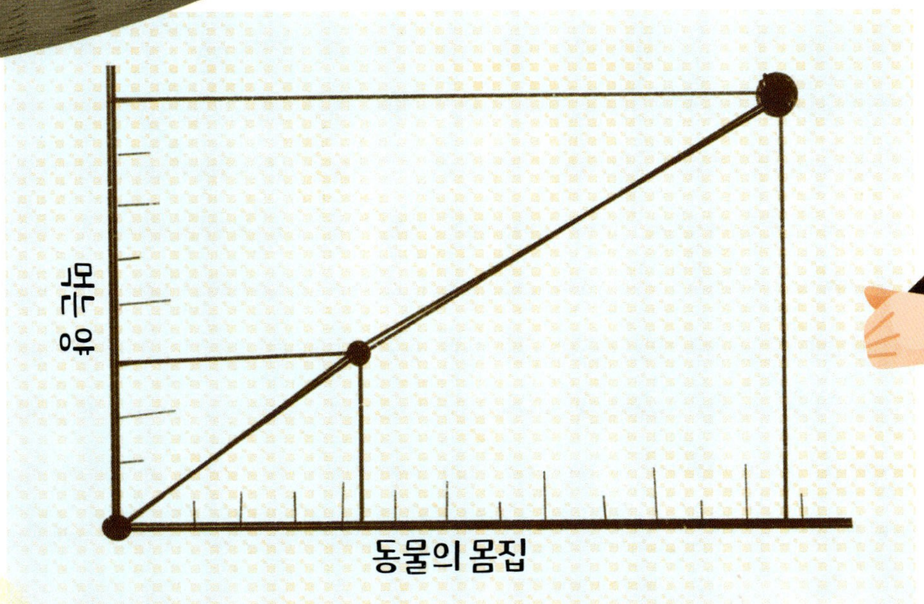

마크라우케니아

마크라우케니아는 몇 가지 동물을 섞은 모습이었어요. 몸은 혹이 없는 낙타 같기도 하고, 길게 튀어나온 코는 맥(코가 뾰족한 돼지처럼 생긴 동물 : 옮긴이)을 닮았고, 발은 발톱이 세 개인 코뿔소 발처럼 생겼지요.

코가 얼마만큼 길었을까요? 아직 아무도 몰라요!

이 동물은 남아메리카 대초원을 어슬렁거리며 긴 코를 이용해 풀과 잎을 그러모았어요. 코의 정확한 길이는 알려지지 않았어요.

마크라우케니아가 어떻게 움직였는지는 상상하기 어려워요.
앞다리의 모양을 봐서는 빠른 달리기 선수였고,
뒷다리를 봐서는 천적을 걷어찰 만큼 강력한
뒷발질 챔피언이었을 것으로 추측할 뿐이랍니다.

학명 : 마크라우케니아 파타초니카
(Macrauchenia patachonica)
생존 시기 : 신생대
(약 6,500만 년 전~현대)
식성 : 초식(잎과 풀 위주)
길이 : 약 3미터
높이 : 약 2미터
멸종 시기 : 약 1만 년 전
멸종 원인 : 기후 변화로 멸종.

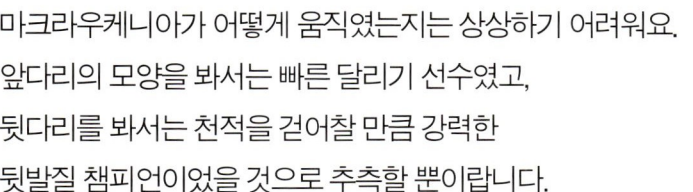

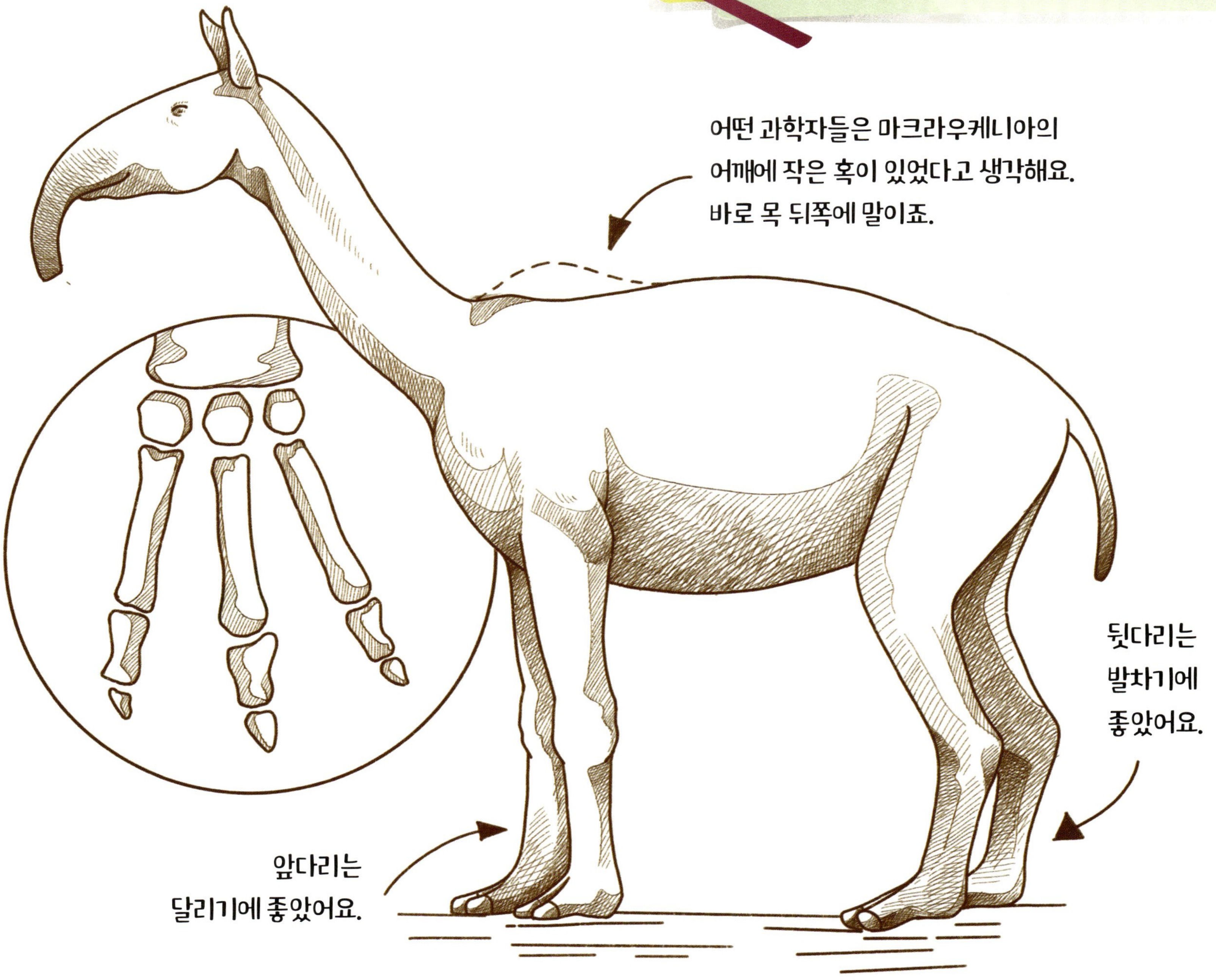
어떤 과학자들은 마크라우케니아의
어깨에 작은 혹이 있었다고 생각해요.
바로 목 뒤쪽에 말이죠.
뒷다리는
발차기에
좋았어요.
앞다리는
달리기에 좋았어요.

털매머드(울리매머드)

오늘날 코끼리와 친척인 털매머드는 크기도 코끼리만큼 거대했어요. 아시아, 유럽, 북아메리카의 얼어붙은 초원에 살았기 때문에, 추위로부터 몸을 보호하기 위해 털이 두 겹으로 자랐답니다.

엄니의 길이는 무려 4.5미터였어요!

털매머드는
오늘날의 코끼리보다
귀는 더 작고 꼬리는 더 짧았어요.
반면, 엄니는 훨씬 더 길었어요.
그 길이가 4.5미터가 넘을 정도로
엄청나게 길었답니다!

다 큰 남자 어른도
털매머드 옆에 서면
아주 작은 것처럼
보일 거예요!

암컷 털매머드는 오늘날 코끼리처럼 1년 동안 임신한 뒤 새끼 한 마리를 낳았을 거예요. 새끼는 어미 곁에 오랜 기간 머물렀고, 무리 전체의 보호를 받았어요.

학명 : 맘무투스 프리미게니우스 (Mammuthus primigenius)
생존 시기 : 제4기(약 200만 년 전~현대)
식성 : 초식(잎과 풀 위주)
길이 : 약 4미터
높이 : 어깨까지 약 3.5미터
멸종 시기 : 약 5,000년 전
멸종 원인 : 기후 변화로 멸종.

털 한 올의 길이는 최대 90센티미터에 달했답니다!

다른 대륙에 살던 털매머드가 모두 멸종됐을 때, 브랑겔 섬에는 300마리의 털매머드가 살아남아 있었어요. 하지만 그마저도 수천 년 전 사라져 버렸답니다.

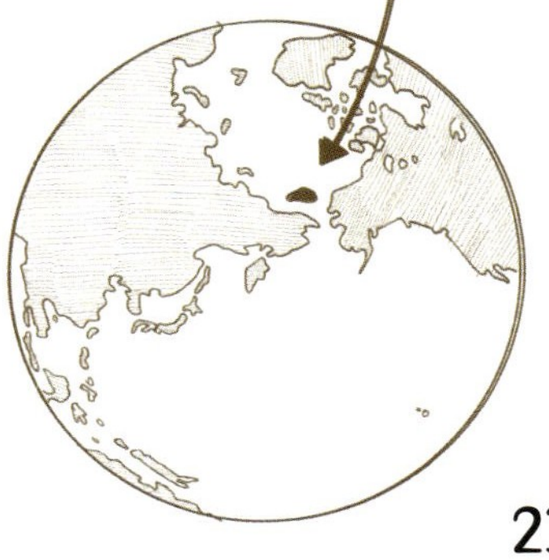

털코뿔소

털코뿔소는 온몸을 두껍게 뒤덮은 털 덕분에 지구에서 가장 추운 곳에서 살 수 있었어요. 털코뿔소의 털은 크게 두 가지로 나뉘어요. 안쪽 털은 두꺼운 속옷처럼 피부를 감쌌고, 거친 바깥쪽 털은 마치 외투처럼 옆구리에 길게 늘어져 몸을 보호했답니다.

학명 : 코엘로돈타 안티퀴타티스 (Coelodonta antiquitatis)
생존 시기 : 제4기(약 200만 년 전~현대)
식성 : 초식(잎과 풀 위주)
길이 : 약 3.5미터
높이 : 어깨 위 도드라진 부분까지 약 2미터
멸종 시기 : 약 2만 5,000년 전
멸종 원인 : 기후 변화, 그리고 사람의 무분별한 사냥으로 멸종.

털코뿔소의 긴 뿔의 길이는 무려 50센티미터가 넘었답니다!

털코뿔소는 주둥이 위로 두 개의 뿔이 있었는데, 하나는 위에, 다른 하나는 아래에 있었어요. 아래에 있는 뿔이 더 길었고, 그 길이는 보통 50센티미터가 넘었어요.

마치 순록이나 사향소처럼,
털코뿔소는 전형적인
추운 환경에서 사는 동물이었어요.

털코뿔소의 입안에는 튼튼한 근육이 있어 풀을 오래 뜯을 수 있었고,
종종 눈 속에 파묻힌 식물까지도 파먹을 수 있었대요!

털
입안에 아주 강력한 근육이 있었어요.
으적으적!

글립토돈

글립토돈은 먼 친척뻘인 아르마딜로보다 크기가 훨씬 컸어요. 소형 자동차 크기에 달했지요. 게다가 모습이 매우 특이했답니다. 돔처럼 둥글고 갑옷처럼 단단한 등에서 큰 머리와 튼튼한 꼬리가 튀어나온 것 같은 모습이었지요.

글립토돈은 초식 동물이었어요. 하루 대부분을 자유로이 풀을 뜯으며 보냈어요. 남아메리카의 넓은 초원을 혼자서 느릿느릿 돌아다녔을 것으로 추측돼요.

학명 : 글립토돈
(Glyptodon sp.)
생존 시기 : 제4기
(약 200만 년 전~현대)
식성 : 초식(풀 등)
길이 : 약 3미터
높이 : 약 1.5미터
멸종 시기 : 약 1만 년 전
멸종 원인 : 기후 변화와 사냥으로 멸종.

오늘날의 아르마딜로는
글립토돈의 먼 친척이에요.

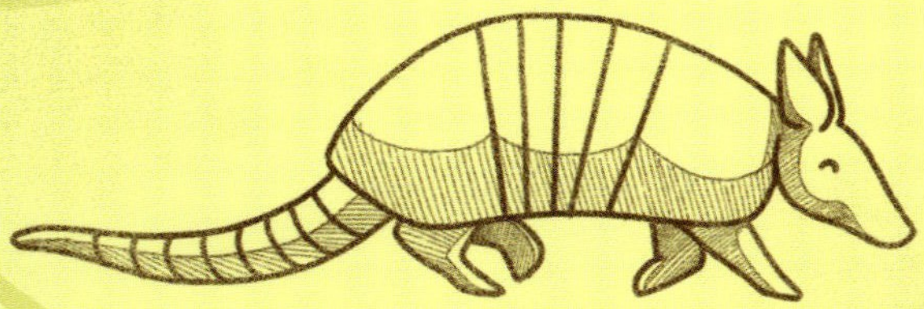

등은 갑옷처럼 딱딱한 '골판'으로 둘러싸여 있었어요. 이 수천 개의 골판은 외부의 충격으로부터 등을 보호해 주었어요. 반면, 골판이 없는 배 부분은 위험에 노출돼 있었어요. 그래서 글립토돈은 공격을 당해도 뒤집히지 않도록, 되도록 늘 배를 땅에 붙이고 다녔어요.

날아다니는 동물들에게 몸무게는 늘 골칫거리예요. 몸이 무거우면 날기가 어려우니까요. 하지만 아르젠타비스는 몸무게를 걱정할 필요가 없었어요. 아주 커다란 날개 덕분이지요! 아르젠타비스는 큰 날개를 펄럭이며 먹이를 찾아다녔어요.

수백 제곱킬로미터에 이르는 넓은 지역을 둘씩 짝지어 차지했지요.

아르젠타비스

오늘날까지 존재했던 날 수 있는 새 가운데 가장 큰 축에 속하는 아르젠타비스는 남아메리카의 하늘을 빙빙 날아다녔어요. 마치 행글라이더처럼 기류를 타며 강한 바람을 피해 다녔지요.

아르젠타비스의 먹이는 주로 죽은 동물의 썩은 고기였던 것으로 추측돼요. 활발하게 사냥감을 쫓는 사냥꾼은 아니었다는 뜻이지요. 대신 다른 민첩한 사냥꾼들이 잡은 먹이를 노리다가 챙겨 갔답니다.

아르젠타비스의 크기를 남자 어른과 비교하면 이만큼 크답니다.

정말로 거대한 크기였어요!

학명 : 아르젠타비스 매그니피센스 (Argentavis magnificens)
생존 시기 : 신생대 (약 6,500만 년 전~현대)
식성 : 육식
날개 펼친 길이 : 약 7미터
멸종 시기 : 약 600만 년 전
멸종 원인 : 기후 변화로 멸종.

하스트수리

뉴질랜드의 하스트수리는 '모아'라는 새를 주로 먹었어요. 시속 80킬로미터의 빠른 속도로 쏜살같이 내려와, 날카로운 부리와 발톱으로 먹잇감을 공격하고 사로잡았답니다.

학명 : 하르파고르니스 무레이 (Harpagornis moorei)
생존 시기 : 제4기 (약 200만 년 전~현대)
식성 : 육식
날개 펼친 길이 : 약 2.6미터
멸종 시기 : 약 600년 전
멸종 원인 : 서식지가 파괴되어 멸종.

엄청나게 강력한 발톱을 지녔어요!

깊은 상처를 입은 모아는 짧은 시간 안에 곧 숨이 꺼졌고, 하스트수리의 밥이 되었어요.

한때는 나무늘보의 친척이 코뿔소보다 크고, 코끼리만큼 무거웠던 시절이 있었어요. 믿기나요? 나무늘보의 친척인 메가테리움은 나무 대신 땅에서 지내는 '땅늘보'였어요. 오늘날의 나무늘보처럼 길고 구부러진 발톱도 지니고 있었지요. 최대 50센티미터에 이르는 이 발톱으로, 나뭇잎을 긁어모아 입에 넣었어요.

학명 : 메가테리움 아메리카눔 (Megatherium americanum)
생존 시기 : 신생대 (약 6,500만 년 전~현대)
식성 : 초식
길이 : 약 6미터
높이 : 약 3.5미터
멸종 시기 : 약 1만 년 전
멸종 원인 : 기후 변화와 사냥으로 멸종.

메가테리움

커다란 땅늘보, 메가테리움은 남아메리카의 숲에서 느리게 움직이며 살았어요. 발톱이 너무 길어서 발의 바깥 부분만 디디며 걸었어요. 그래서 걸음걸이가 특이했답니다. 주로 네 발로 움직였지만, 필요할 때에는 긴 꼬리로 몸을 지탱하며 두 발로 일어날 수 있었어요.

아주 거대한 몸집을 특이하게 움직이면서 느릿느릿 걸었어요!

메갈로닉스

만약 빙하기 후기에 북아메리카의 숲을 가로지를 일이 있었다면, 나무 꼭대기에서 평화로이 잎을 모으는 데 몰두하는 메갈로닉스를 발견할 수 있었을 거예요. 메갈로닉스의 몸집은 매우 컸지만, 스밀로돈 같은 포식자들에게 공격을 받았답니다.

학명 : 메갈로닉스 제퍼스니
(Megalonyx jeffersonii)
생존 시기 : 신생대
(약 6,500만 년 전~현대)
식성 : 초식
멸종 시기 : 약 1만 1,000년 전
멸종 원인 : 기후 변화와 사냥으로 멸종.

히아에노돈

히아에노돈은 가장 크고 사나운 포식자 중 하나였어요. 히아에노돈이 공격한 사냥감은 살아날 일이 거의 없었어요. 거대한 입으로 먹잇감의 머리를 붙들어 놓은 다음, 이빨로 찍어 버리는 무시무시한 사냥 기술 때문이에요.

학명 : 히아에노돈 기가스 (Hyaenodon gigas)
생존 시기 : 신생대 중기 (약 5,600만~2,000만 년 전)
식성 : 육식
길이 : 약 3미터
높이 : 약 1.5미터
멸종 시기 : 약 2,000만 년 전
멸종 원인 : 다른 포식자와의 경쟁으로 멸종.

히아에노돈은 뾰족한 송곳니부터 날카로운 어금니까지 이빨이 총 32개였어요. 이 강력한 이빨로 먹잇감의 뼈를 으스러뜨리고 살을 찢었답니다.

몸집이 거대했던 히아에노돈은 달리기가 썩 빠르지는 않았을 거예요. 그래서 아마도 은밀하고 조심스럽게 사냥했을 것으로 추측됩니다. 가만히 숨어 있다가 먹잇감이 다가오면 공격하는 식으로 말이지요.

세상에서 가장 컸던 새들은 타조를 닮았어요. 에피오르니스와 모아는 몸집이 거대했고 날 수 없는 새였어요. 불과 수백 년 전에 멸종되었지요. 천적이 거의 없는 환경에서 살다가 갑자기 사람의 공격이나 영향을 받아 멸종된 것으로 추측돼요.

에피오르니스

에피오르니스는 마다가스카르 섬에서 살았어요. 달걀 크기의 160배인 거대한 알을 낳았는데, 세상에서 가장 큰 알로 기록되었지요. 주로 먹는 건 열대림의 과일이었어요.

학명 : 에피오르니스 막시무스 (Aepyornis maximus)
생존 시기 : 제4기 (약 200만 년 전~현대)
식성 : 초식
높이 : 약 3미터
멸종 시기 : 약 400년 전
멸종 원인 : 사람의 활동으로 멸종.

에피오르니스의 DNA를 연구한 결과 놀라운 사실이 밝혀졌어요. 그건 바로 이 새가 뉴질랜드에 사는 작은 새, '키위'와 연관이 있다는 것이었답니다.

학명 : 디노르니스 노바에질란디아에
(Dinornis novaezealandiae)
생존 시기 : 제4기
(약 200만 년 전~현대)
식성 : 초식(과일 위주)
높이 : 약 2미터
멸종 시기 : 약 500년 전
멸종 원인 : 사람의 활동으로 멸종.

큰 발과
긴 발톱이
있었어요.

모아

모아는 뉴질랜드의 숲에 살았어요. 이 거대한 새는 넓적한 부리로 새싹, 잎, 열매 등을 모아 먹었답니다. 모아가 살던 섬에 사람들이 도착한 뒤로 비극이 시작되었어요. 모아는 사람에게 사냥당한 건 물론, 사람이 데리고 온 쥐나 개 등 동물과 경쟁하며 어려움을 겪게 되었습니다.

고대에는 이상하고 특이한 엄니를 가진 코끼리의 친척들이 있었어요. 이 고대 코끼리들은 엄니를 이용해 먹이를 얻고, 흙을 파고, 나뭇가지를 꺾고, 나무껍질을 벗겼어요. 또한, 이 엄니를 이용해 암컷을 유혹하기도 했답니다.

데이노테리움

데이노테리움은 매우 큰 코끼리처럼 생겼어요. 두드러진 특징은 다른 엄니가 긴 동물들과 달리, 큰 엄니 두 개가 턱을 가리키며 안쪽으로 자란다는 점이었어요. 나이가 많은 데이노테리움의 엄니 길이는 1미터에 이르렀답니다.

학명 : 데이노테리움 기간테움 (Deinotherium giganteum)
생존 시기 : 네오기 중기~제4기 중기 (약 1,000만~100만 년 전)
식성 : 초식
길이 : 약 7미터
높이 : 최대 4.5미터
멸종 시기 : 약 100만 년 전
멸종 원인 : 기후 변화로 멸종.

데이노테리움은 코끼리와 닮았지만 코끼리보다 훨씬 더 컸답니다!

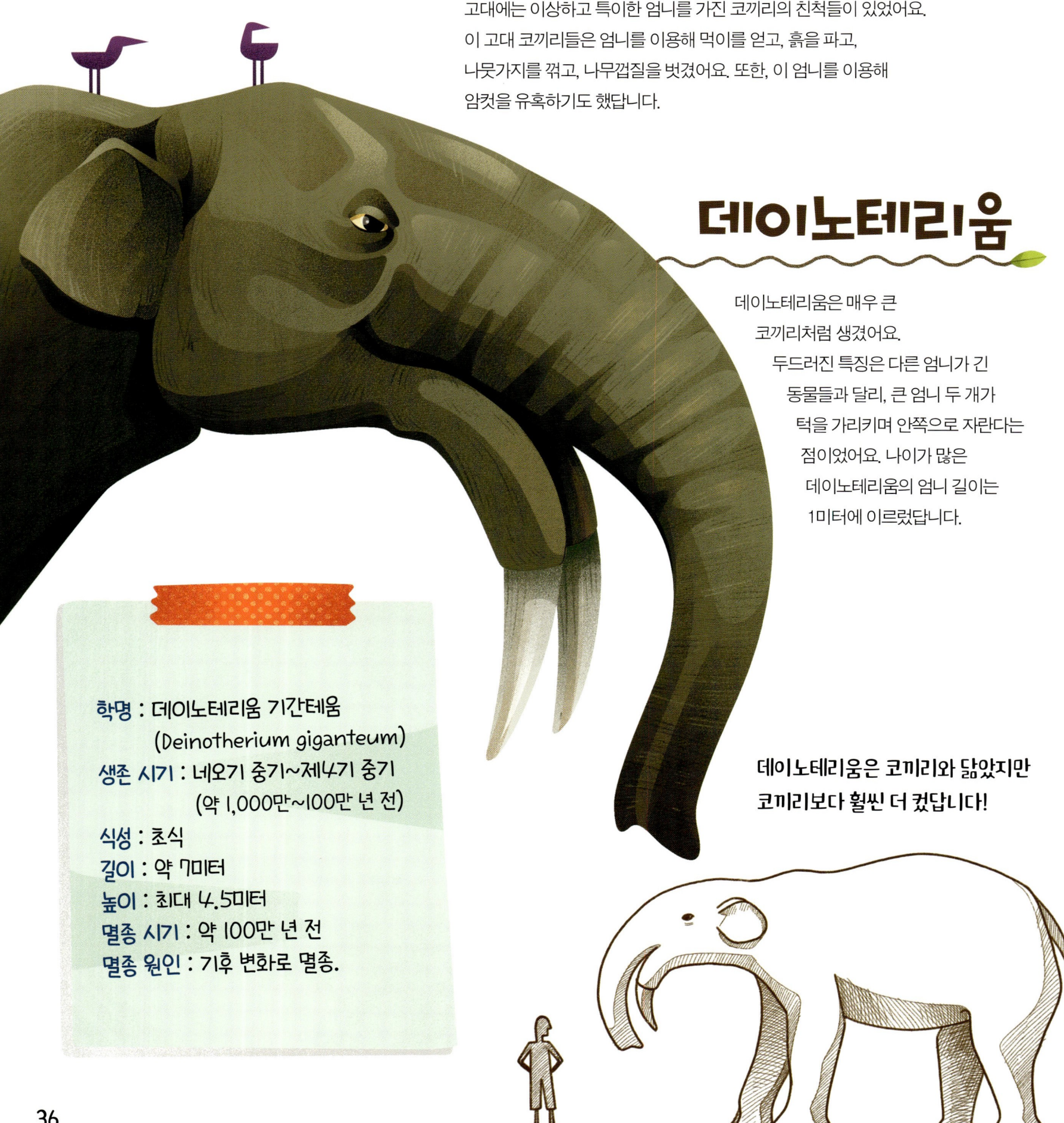

플라티벨로돈

플라티벨로돈의 가장 큰 특징 또한 특이한 엄니였어요.
위쪽의 두 엄니는 작고 날카로웠던 반면,
아래쪽의 두 엄니는 삽처럼 넓고 평평했답니다.

학명 : 플라티벨로돈 그란게리
(*Platybelodon grangeri*)
생존 시기 : 신생대
(약 6,500만 년 전~현대)
식성 : 초식
길이 : 약 7미터
높이 : 약 2.5미터
멸종 시기 : 약 400만 년 전
멸종 원인 : 기후 변화로 멸종.

아래 엄니는
작은 나무를
쓰러뜨릴 때,
또는 물에서
자라는 식물을
끊어 먹을 때
사용했을 거예요.

여기 나오는 두 고생물은 닮은 점이 많아요. 둘 다 몸집이 거대했으며, 머리에는 뿔이 달려 있었고, 식물을 즐겨 먹었지요. 하지만 서로 다른 점도 있어요. 이빨에 차이가 있거든요. 이를 통해 아르시노이테리움은 질긴 식물을, 브론토테리움은 부드러운 식물을 주로 먹었다는 사실을 알아낼 수 있었지요.

학명 : 아르시노이테리움 지텔리 (Arsinoitherium zitteli)
생존 시기 : 신생대 (약 6,500만 년 전~현대)
식성 : 초식(나뭇잎과 식물의 줄기)
길이 : 약 3.5미터
높이 : 약 1.75미터
멸종 시기 : 약 3,370만 년 전
멸종 원인 : 기후 변화로 멸종.

아르시노이테리움

아르시노이테리움은 코끼리의 친척뻘로 여겨져요. 하지만 엄니 대신 뿔이 눈 사이에 있었답니다. 수컷의 뿔은 암컷의 뿔보다 컸어요. 이 뿔은 코뿔소의 뿔과는 달리 속이 비어 있었고, 가죽으로 덮여 있었을 것으로 추정돼요. 머리 위에는 더 작은 뿔이 두 개 있었어요.

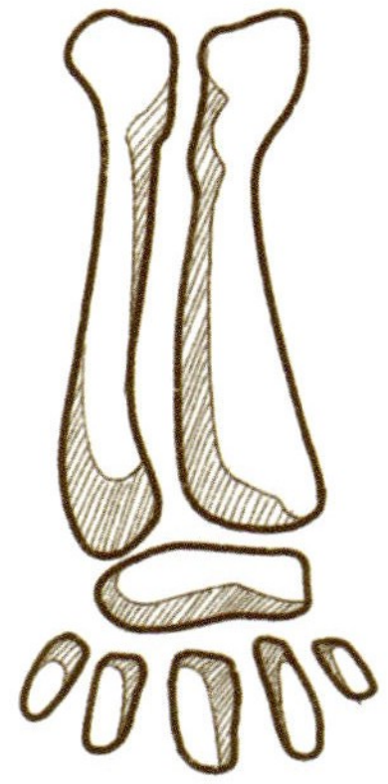

다섯 개의 발가락에 각각 발굽이 있었어요.

이 두 고생물의 차이점은 옆에서 보면 확실히 보인답니다.

학명 : 브론토테리움 기가스
(Brontotherium gigas)
생존 시기 : 신생대(약 6,500만 년 전~현대)
식성 : 초식(잎과 풀 위주)
길이 : 약 5미터
높이 ; 약 2.5미터
멸종 시기 : 약 3,370만 년 전
멸종 원인 : 기후 변화로 멸종.

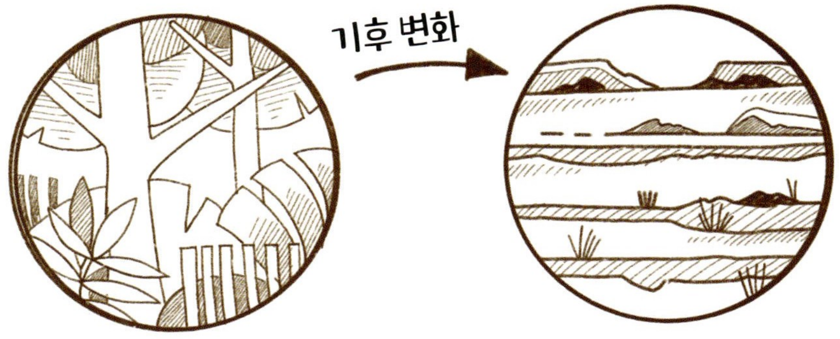

브론토테리움

브론토테리움의 가장 독특한 특징은
커다란 Y자 모양의 뿔이었어요.
수컷들은 영역을 정복하고 암컷을
차지하기 위해 서로 싸우는 데
뿔을 사용했답니다.

짧지만 다부진 다리로
육중한 몸을 지탱했어요.
발가락은 세 개였답니다.

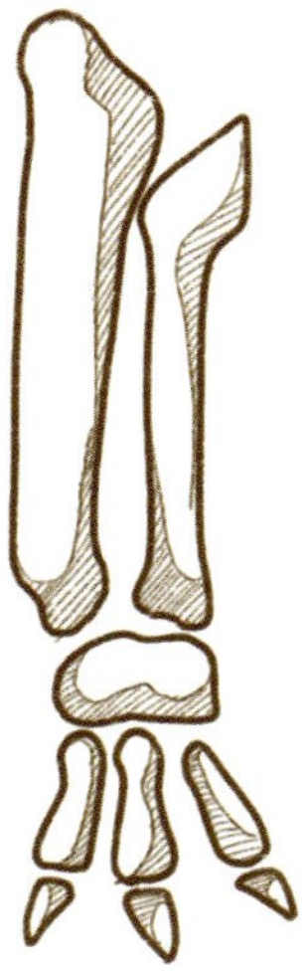

아르시노이테리움과
브론토테리움의 가장 큰 차이점은
바로 뿔의 모양이에요.

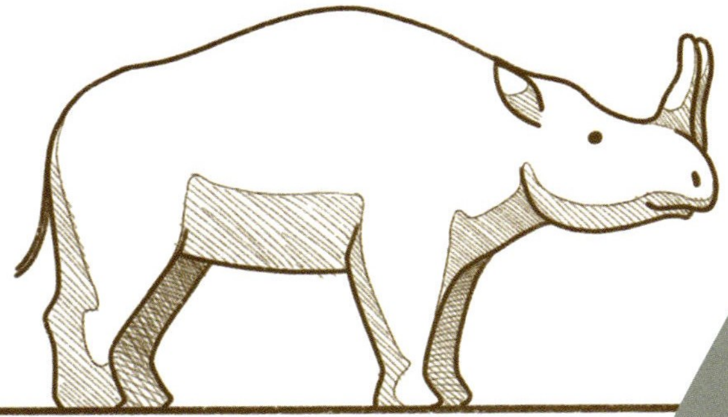

인드리코테리움 (파라케라테리움)

러시아 신화에 나오는 인드릭은 모든 동물의 왕이에요.
인드리코테리움은 이 인드릭에서 이름이 유래되었어요.
지구상에 존재했던 가장 큰 포유류 중 하나였는데,
그 크기에도 불구하고 성격은 온순했어요.
관절이 달린 다리로 우아하게 움직였지요.

유연한 윗입술로 새싹을 뜯어먹었어요.

뿔이 없는 코뿔소 같기도, 코끼리 같기도 한 모습으로 아시아의 숲에서 무리 지어 살았어요.

상당히 큰 키 덕분에
다른 동물들이 접근하지 못하는
높은 나무 꼭대기의 잎도
뜯어먹을 수 있었어요.

연구 결과에 따르면,
인드리코테리움의 위는
1톤의 잎을 저장할 만큼
무척 컸을 거라고 해요.

학명 : 파라케라테리움 버그티엔세
(Paraceratherium bugtiense)
생존 시기 : 신생대 초기~제4기 전
(약 6,500만~200만 년 전)
식성 : 초식(나뭇잎 위주)
길이 : 약 8미터
높이 : 약 5.5미터
멸종 시기 : 약 1,000만 년 전
멸종 원인 : 기후 변화와 다른 동물과의 경쟁으로 멸종.

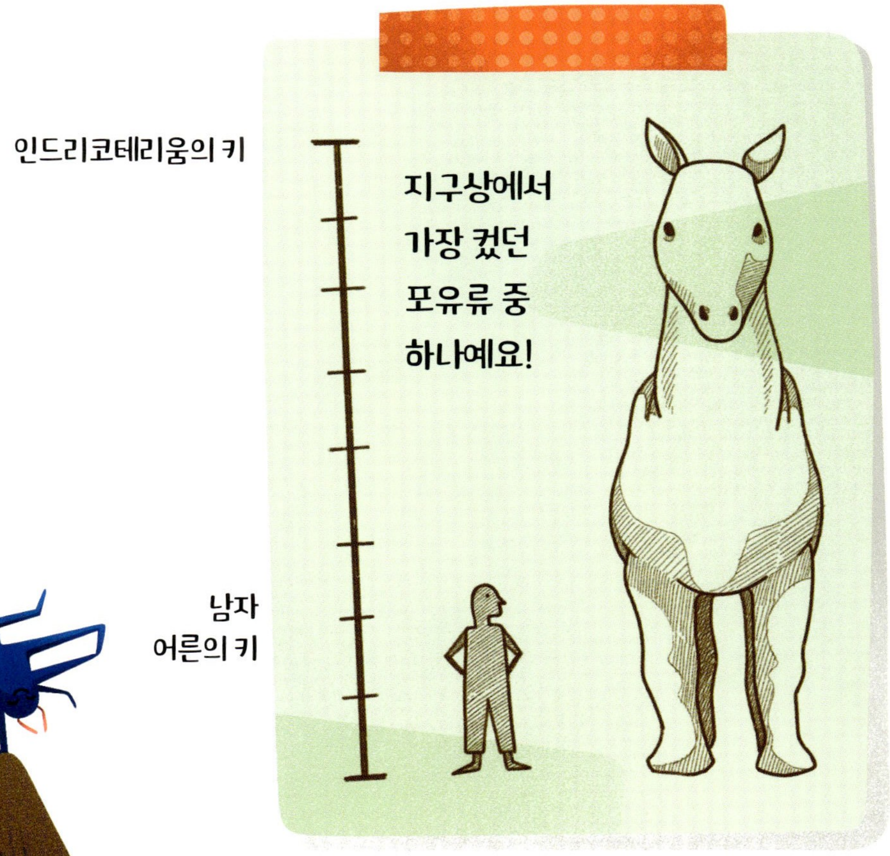
인드리코테리움의 키
지구상에서
가장 컸던
포유류 중
하나예요!
남자
어른의 키

엘라스모테리움

엘라스모테리움은 유럽과 아시아의
추운 땅에 살았던 거대한 코뿔소예요.
'시베리아 유니콘'으로 널리 알려져 있지요.

오늘날 코뿔소의 뿔처럼, 엘라스모테리움의 코에서 자란 뿔은
뼈가 아니라 머리카락이나 손톱에서 발견되는 물질인
'케라틴'으로 이루어진 것이었어요. 그 뿔은 최대
2미터의 길이에 이를 만큼 길었답니다.

뿔은 최대
2미터까지
자랐어요.

엘라스모테리움의 몸은 아마도 친척뻘인 털코뿔소와 비슷하게 두꺼운 털로 덮여 있었을 거예요. 이들이 살던 곳의 겨울철은 매우 추웠기 때문에, 몸을 따뜻하게 유지할 필요가 있었겠지요.

학명 : 엘라스모테리움 시비리쿰
(Elasmotherium sibiricum)
생존 시기 : 신생대(약 6,500만 년 전~현대)
식성 : 초식(풀과 나뭇잎 위주)
길이 : 약 4.5미터
높이 : 어깨 위 도드라진 곳까지 약 2미터
멸종 시기 : 약 20만 년 전
멸종 원인 : 다른 초식 동물과의
경쟁으로 멸종.

기간토피테쿠스

기간토피테쿠스는 인간과 친척뻘인 '영장류' 가운데 가장 컸어요.
몸무게가 500킬로그램에 달해서 마치 거대한 고릴라처럼 보였을 거예요.

학명 : 기간토피테쿠스 블락키 (Gigantopithecus blacki)
생존 시기 : 제4기(약 200만 년 전~현대)
식성 : 초식(과일 등)
높이 : 약 2.8미터
멸종 시기 : 약 10만 년 전
멸종 원인 : 기후 변화와 서식지 파괴로 멸종.

주로 중국의 대나무 숲에 살며
과일과 나뭇잎을 먹는
거대하고 온순한 동물이었어요.
왕성한 식욕 때문에
많은 양의 식물을 먹었답니다.

모습은 꼭 거대한
고릴라 같았어요.

기간토피테쿠스의 생활 방식에 대해서는 알려진 바가 거의 없어요. 마치 수컷 고릴라가 호랑이나 악어, 하이에나 같은 포식자로부터 어리고 약한 가족을 보호하며 살아가는 것처럼, 가족 단위의 무리를 이루며 살았을 것으로 추측될 뿐이지요.

뿔이 달린 설치류, 거대한 동면쥐(꼬리에 털이 많고 쥐를 닮은 작은 동물: 옮긴이) 등 오늘날에는 이상하다고 여겨질 생김새나 크기를 지닌 동물들이 한때 지구에 존재했어요.

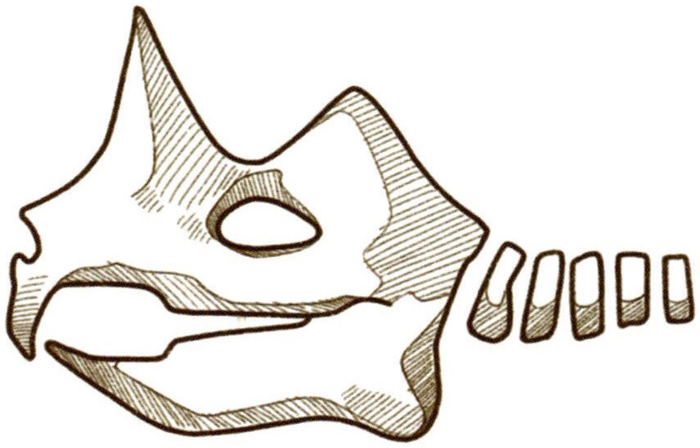

케라토가울루스의 두개골은 뿔이 있었다는 것을 보여줍니다.

케라토가울루스

케라토가울루스는 마멋과 비슷한 설치류였고, 그 중에서 유일하게 암컷과 수컷 모두의 코에 뿔이 달려 있었어요. 뿔은 효과적인 방어 무기였답니다. 두더지와 비슷한 작고 긴 발톱은 포식자나 더위를 피해 땅속으로 구멍을 파서 몸을 숨기는 데 도움이 되었어요.

학명 : 케라토가울루스 아넥도투스 (Ceratogaulus anecdotus)
생존 시기 : 신생대 (약 6,500만 년 전~현대)
식성 : 초식
길이 : 약 30센티미터
멸종 시기 : 약 500만 년 전
멸종 원인 : 기후 변화로 멸종.

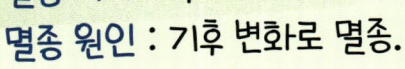

레이티아

오늘날의 동면쥐류는 크기가 작고 밤에 활동해요.
레이티아는 동면쥐류였지만 시궁쥐만큼 컸고
낮에 활동했어요.
포식자가 없는 섬에서 살았기 때문에
크게 진화할 수 있었고, 햇빛을 받으며
낮에도 활동할 수 있었답니다.

레이티아는 타고난 나무 타기 선수였을 거예요.
겨울에는 나무 위에 둥지를 만들어 겨울잠을 잤어요.

학명 : 레이티아 멜리텐시스
(Leithia melitensis)
생존 시기 : 제4기(약 200만 년 전~현대)
식성 : 초식(씨앗 위주)
길이 : 약 60센티미터
멸종 시기 : 약 70만 년 전
멸종 원인 : 기후 변화로 멸종.

티타니스

티타니스는 사람보다 키가 큰 새였어요.
날 수는 없었지만, 강력한 뒷다리를 이용해
아메리카 대륙의 초원을 빠른 속도로
(시속 65킬로미터) 달릴 수 있었답니다.

학명 : 티타니스 왈레리(Titanis walleri)
생존 시기 : 신생대(약 6,500만 년 전~현대)
식성 : 육식
높이 : 약 2.5미터
멸종 시기 : 약 180만 년 전
멸종 원인 : 기후 변화로 멸종.

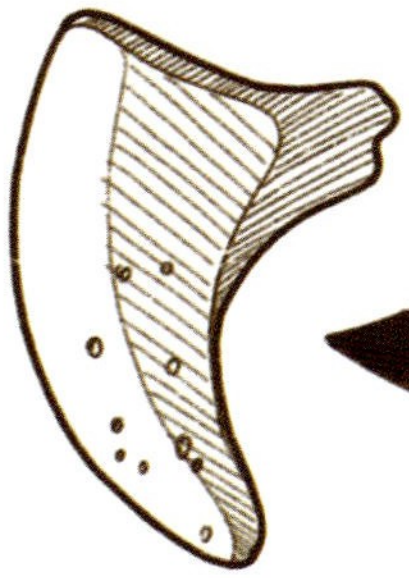

티타니스는 '공포의 새'로 전해져요.
도끼 모양의 부리를 이용해
눈앞에 보이는 어떤 동물이든 찢는
무시무시한 포식자였거든요.
먹이를 붙잡으면 땅바닥에 내리친 다음
통째로 삼켜 먹기도 하고, 커다란 먹이는
부리로 찢어서 나누어 먹었다고 해요.

자이언트펭귄

학명 : 쿠미마누 비세아
(Kumimanu biceae)
생존 시기 : 신생대
(약 6,500만 년 전~현대)
식성 : 육식(물고기 위주)
높이 : 약 1.8미터
멸종 시기 : 약 5,600만 년 전
멸종 원인 : 해양 포유류와의
경쟁 때문에 멸종.

자이언트 펭귄은 오늘날
펭귄과 비슷했어요.
펭귄보다 몸집이 더 크고
부리가 더 길긴 했지만요.
이 펭귄은 남반구의
바다를 헤엄치며
물고기를 잡았어요.
오늘날의 펭귄보다
더 컸기 때문에 더 깊이
잠수할 수 있었지요.
새끼를 기를 때는
오늘날 펭귄처럼 해안가에
둥지를 틀고 그곳에서
새끼가 자랄 때까지
돌보았어요.

잠수 깊이
오늘날 펭귄
자이언트펭귄

디프로토돈

호주에는 거대한 유대목 동물(주머니에 새끼를 기르는 동물)이 몇몇 있었어요.
디프로토돈도 이런 유대목 동물 가운데 하나였지요.

학명 : 디프로토돈 아우스트랄리스 (Diprotodon australis)
생존 시기 : 제4기(약 200만 년 전~현대)
식성 : 초식
길이 : 코끝부터 꼬리까지 약 3미터
높이 : 어깨까지 약 2미터
멸종 시기 : 약 4만~4만 5,000년 전
멸종 원인 : 기후 및 환경 변화로 멸종.

디프로토돈은 마치 웜뱃처럼 생겼고 하마만큼 컸어요.
머리는 컸으며 두 개의 커다란 윗니가 있었답니다.

숲이나 초원에서 많은 양의 식물을 먹었어요.
특히 물에서 자라는 식물을 좋아했기 때문에
물가에서 멀리 떨어진 적이 없었어요.

디프로토돈이 하루에 먹을 수 있는 음식의 무게는 무려 150킬로그램 이상이었을 것으로 추정돼요!

디프로토돈은
기둥처럼 생긴 튼튼한
다리로 돌아다녔어요.
땅을 파기에 적합한 발톱도
지니고 있었지요.

메갈로돈

메갈로돈은 지금까지 존재했던 물고기 중 가장 큰 크기였어요. 거대한 백상아리처럼 생겼지만, 백상아리보다 세 배 넘게 컸답니다. 하지만 백상아리와는 아무런 연관이 없어요. 메갈로돈은 전 세계의 바다에서 살았지만, 특히 따뜻한 물을 좋아했어요. 어린 메갈로돈은 해안 근처에서 지냈고, 다 자란 메갈로돈은 깊은 바닷속에서 살았어요.

메갈로돈의 입안에는 약 23센티미터의 크고 날카로운 이빨들이 여러 줄로 늘어서 있었어요. 입은 열렸을 때의 폭이 약 3미터나 되었답니다. 먹잇감을 강력하게 물어 고래 등 다른 큰 해양 생물들을 집어삼킬 수 있었지요.
주로 바다 깊은 곳에 숨어 있다가 먹잇감을 공격했어요.

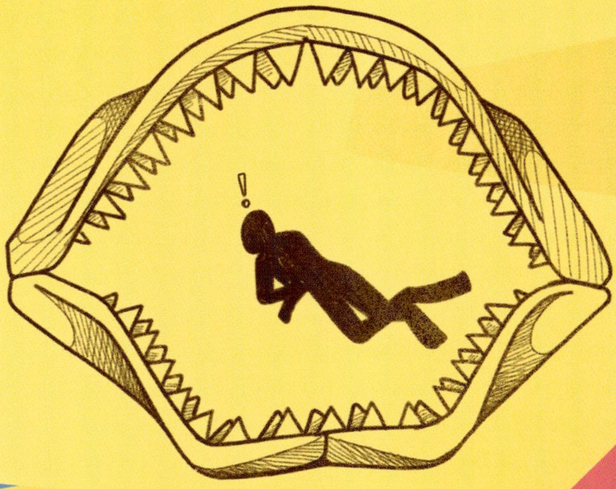

학명 : 카르카로돈 메갈로돈
(Carcharodon megalodon)
생존 시기 : 신생대
(약 6,500만 년 전~현대)
식성 : 육식(포유류, 어류 위주)
길이 : 약 20미터
멸종 시기 : 약 5,200만 년 전
멸종 원인 : 기후 변화로 멸종.

오늘날에는 어떨까요?

오늘날에도 많은 동물들이 멸종되고 있어요.
우리가 살아가는 지금 이 시간에도 사라지는 동물들이
있는 것이지요. 지난 수십 년간 카리브해몽크물범,
황금두꺼비 등 수많은 종의 동물이 사라졌고,
아직도 매년 많은 종이 멸종되고 있습니다.
현재 어떤 이들은 자연을 보전하기 위해
세심하게 노력을 기울이고 있어요.
하지만 여전히 일부 사람들은 동물을 괴롭혀요.
코끼리, 코뿔소, 호랑이 등 많은 동물들이
엄니나 뿔, 또는 털을 얻고자 하는 사람들에게
사냥을 당해 사라지고 있습니다.

게다가 세계 곳곳에서 동물들이 살아갈 서식지가
파괴되고 있어요. 시멘트 건물과 농경지를 만들려는
목적으로 천 년 된 나무가 잘려 나가는가 하면,
공기와 물 등 자연 환경이 오염되고 있습니다.

우리는 멸종을 막을 수 있을까요?

안타깝게도 그럴 수는 없어요.

하지만 그 속도를 늦출 수는 있답니다.

어떻게 하면 될까요?

그저 자연을 사랑하고, 존중하며,

훼손되지 않도록 조심하는 것.

그것만으로도 많은 동물의 멸종을

늦출 수 있어요!

이제, 불과

100~200년 이내로

비교적 최근에

멸종된 동물들을

소개해 줄게요.

황금두꺼비

황금두꺼비는 일부 지역에만 살았어요.
코스타리카 북부 열대 우림에 있는
약 2,000미터 높이의 산악 지역이었지요.

학명 : 인실리우스 페리글레네스 (Incilius periglenes)
생존 시기 : 제4기(약 200만 년 전~현대)
식성 : 곤충류
길이 : 암컷 약 5.5센티미터, 수컷 약 4.8센티미터
높이 : 어깨까지 약 2센티미터
멸종 시기 : 1989년에 마지막으로 발견되고, 2004년에 멸종이 공식 발표됨.
멸종 원인 : 서식지 파괴로 멸종.

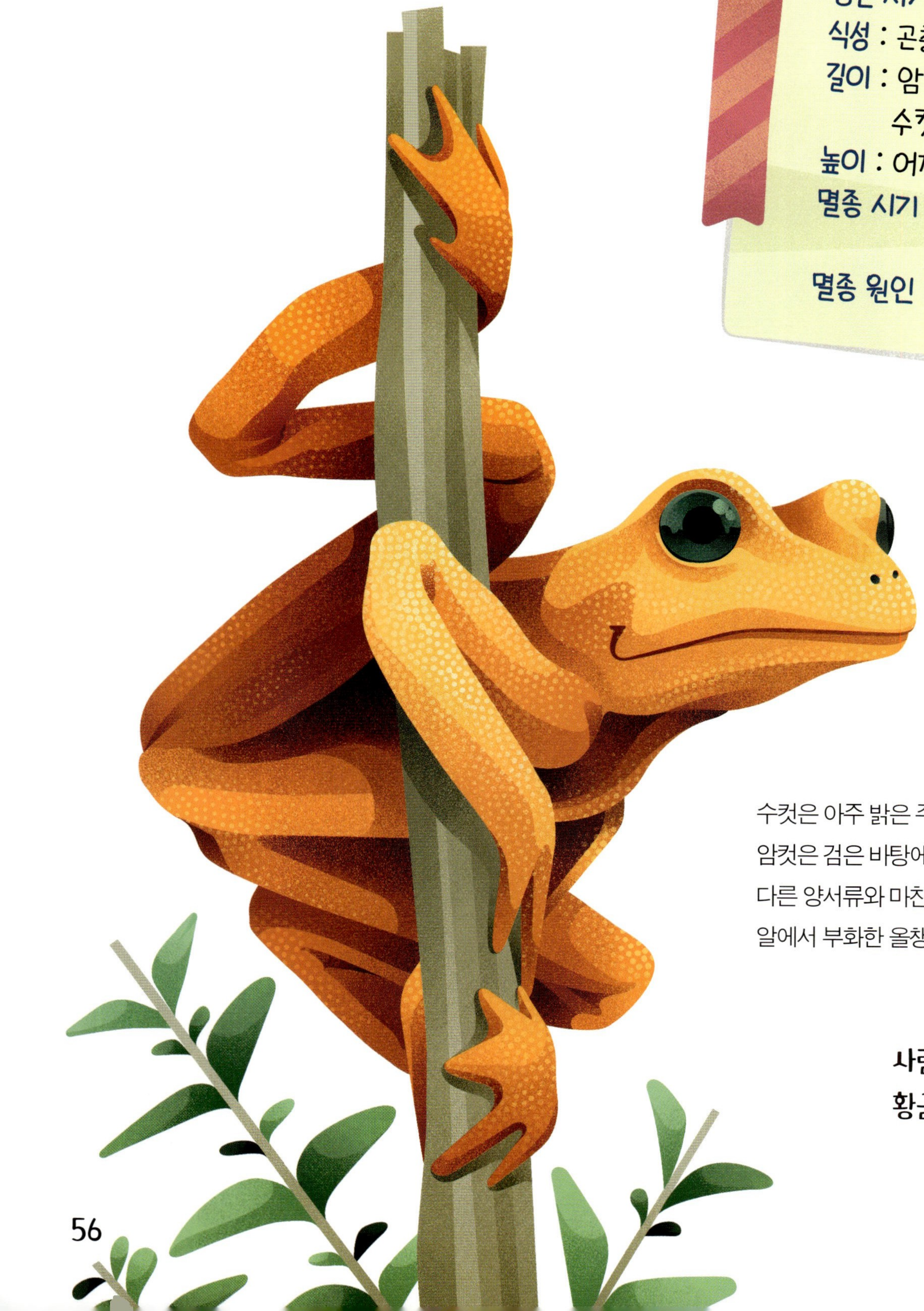

수컷은 아주 밝은 주황색을 띠었고,
암컷은 검은 바탕에 노란 테두리가 있는 붉은 반점이 있었어요.
다른 양서류와 마찬가지로 황금두꺼비는 웅덩이에 알을 낳았고,
알에서 부화한 올챙이는 5주 후에 두꺼비로 자라났습니다.

사람 때문에 서식지가 파괴되자
황금두꺼비는 멸종되고 말았어요.

여행비둘기

학명 : 엑토피스테스 미그라토리우스 (Ectopistes migratorius)
생존 시기 : 제4기(약 200만 년 전~현대)
식성 : 열매와 씨앗
길이 : 약 40센티미터
날개 펼친 길이 : 약 60센티미터
멸종 시기 : 1914년
멸종 원인 : 사람의 무분별한 사냥과 서식지 파괴로 멸종.

여행비둘기는 흔한 새였어요. 일반적인 비둘기보다는 멧비둘기에 가까웠지요. 유럽인들이 아메리카 대륙을 발견할 당시에는 30억에서 50억 마리의 여행비둘기가 있었던 것으로 추정돼요.

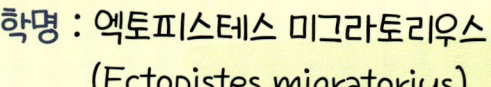

철새였던 여행비둘기는 비행 실력이 뛰어났어요. 봄과 가을에 먹이가 풍족한 환경을 찾아다닐 때면, 여행비둘기의 비행은 장관을 연출했어요. 사람들은 떼 지어 나는 여행비둘기 무리를 보고, 마치 깜깜한 하늘 같다고 묘사했지요. 아침부터 밤까지 여러 날을 이동했답니다.

양쯔강돌고래

중국의 양쯔강에 사는 돌고래가 있었어요.
이 돌고래의 이름은 '양쯔강돌고래'예요.

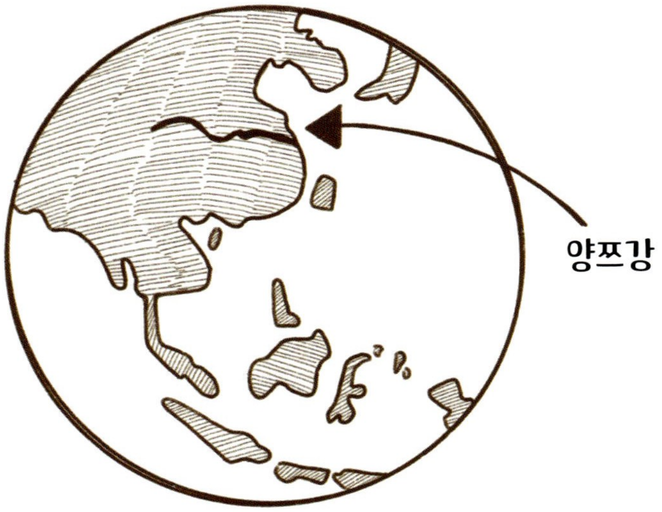

학명 : 리포테스 벡실리퍼 (Lipotes vexillifer)
생존 시기 ; 제4기(약 200만 년 전~현대)
식성 : 물고기
길이 : 약 2.5미터
멸종 시기 : 2006년에 멸종 선언됨.
멸종 원인 : 서식지 파괴로 멸종.

양쯔강돌고래의 등은 회색을 띠었고, 배는 흰색을 띠었어요.
눈은 작았고, 부리는 길고 좁게 발달했습니다.

사람들이 강에서 어업과 운송을 하고 댐과 수력발전소를 건설하면서 강 주변이 급격히 바뀌고 오염되었어요. 이 때문에 양쯔강돌고래가 멸종하게 되었어요.

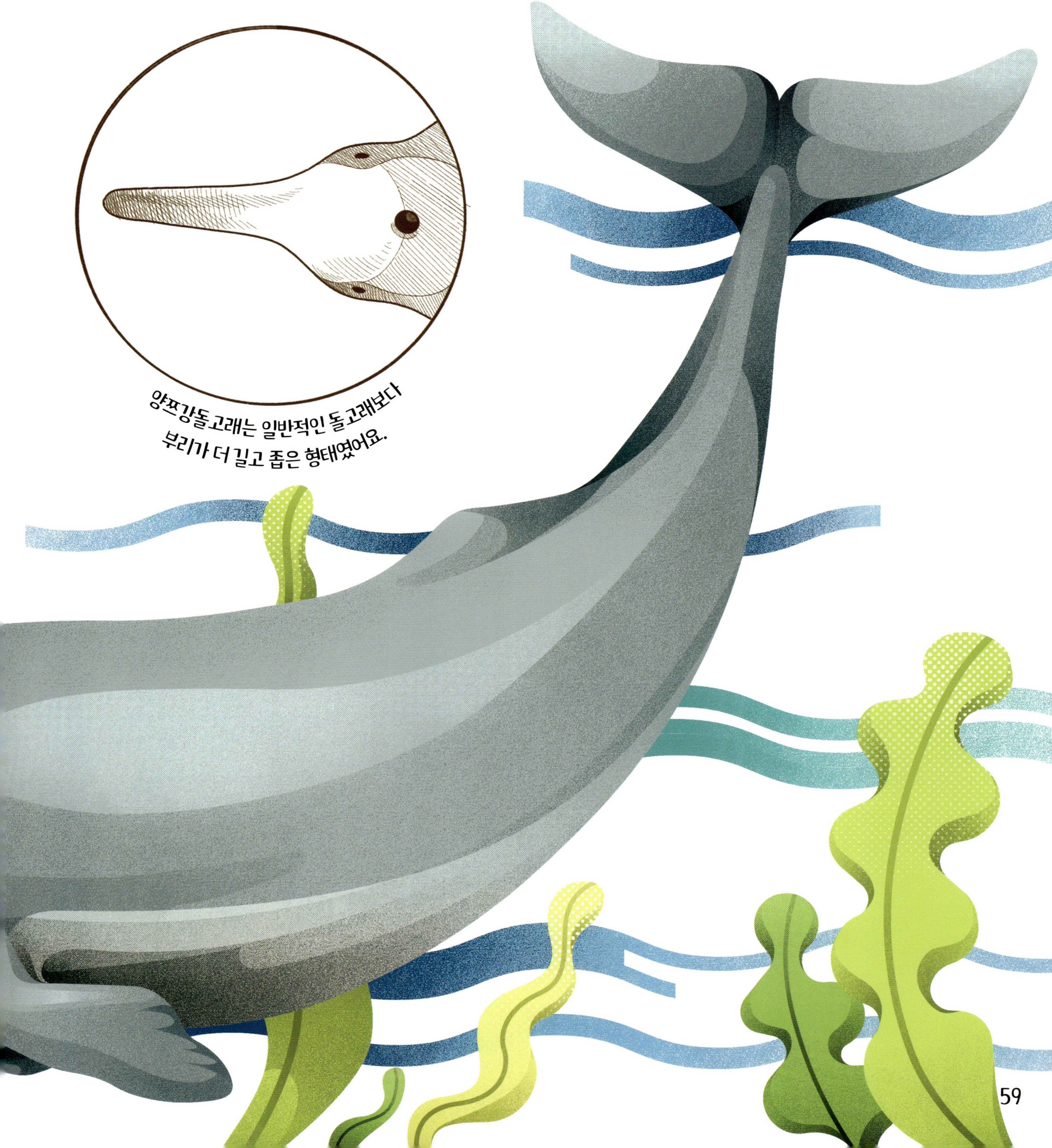

양쯔강돌고래는 일반적인 돌고래보다
부리가 더 길고 좁은 형태였어요.

카리브해몽크물범

카리브해몽크물범은 대서양의 따뜻한 바다에 살았어요.
그곳은 고리처럼 생긴 섬 가운데 바닷물이 드나들고,
산호초가 가득한 곳이었지요. 카리브해몽크물범이
사람을 피하지 않는다는 사실이 알려지면서,
1600년대 중반부터 사람들이 이 섬을 찾아오기 시작했어요.
결국 카리브해몽크물범은 무분별한 사냥 때문에
멸종하게 되었습니다.

학명 : 네오모나쿠스 트로피칼리스
(Neomonachus tropicalis)
생존 시기 : 제4기(약 200만 년 전~현대)
식성 : 육식(어류와 갑각류 위주)
길이 : 약 2.4미터
멸종 시기 : 1952년
멸종 원인 : 사람의 사냥과 서식지 파괴로 멸종.

사람들은 카리브해몽크물범의 기름을 내어,
사탕수수 농장의 기계에 사용했어요.

스텔러바다소

스텔러바다소는 북태평양 북부의
베링해 연안에 펼쳐진 얕고
차가운 물에 살았어요.
몸집이 컸지만, 온순하고 예의를
지킬 줄 아는 동물이었어요.
무리를 이루어 살았고, 특히
짝과 유대감이 강했지요.

스텔러바다소의 두개골은
마치 부리가 있는 새처럼 생겼어요!

학명 : 히드로다말리스 기가스
(Hydrodamalis gigas)
생존 시기 : 제4기(약 200만 년 전~현대)
식성 : 해조류
길이 : 약 9미터
멸종 시기 : 1768년
멸종 원인 : 기후 변화로 멸종.

스텔러바다소는 기후 변화로 줄어들던 차에,
사람에게 사냥되면서 결국 멸종되었어요.
발견된 지 약 30년 만의 일이지요.

자와호랑이

자와호랑이는 인도네시아의 자와 섬에만 사는 호랑이의 아종(하위 종)이었어요. 이 호랑이들은 이곳에 인구가 점점 늘어나고, 사람들에게 자주 사냥당하면서 죽어가기 시작했어요. 호랑이들의 서식지는 논밭이나 찻잎, 커피 나무의 농경지와 길을 만들기 위해 파괴되었어요.

학명 : 판테라 티그리스 손다이카 (Panthera tigris sondaica)
생존 시기 : 제4기(약 200만 년 전~현대)
식성 : 육식
길이 : 약 2.5미터
멸종 시기 : 1979년에 멸종 선언됨.
멸종 원인 : 사냥과 서식지 파괴로 멸종.

사람들은 자와호랑이가 가장 좋아하는 먹이인 사슴이나 멧돼지를 빼앗았어요. 그래서 먹이가 점점 부족해졌지요.

와라

포클랜드제도늑대로도 알려진 와라는 작은 늑대로,
남대서양에 있는 포클랜드 제도의 유일한 포식자였어요.
크기는 여우만 했고, 꼬리 끝이 흰색이었어요.

사람들은 포클랜드 제도에 함께 데려온 동물들에
와라가 위협이 되는 포식자라고 여겼어요.
그래서 독극물을 놓아 와라를 죽이기 시작했지요.

학명 : 두시시온 아우스트랄리스
(Dusicyon australis)
생존 시기 : 제4기(약 200만 년 전~현대)
식성 : 육식(곤충과 연체동물 위주)
길이 : 약 1미터
높이 : 약 38센티미터
멸종 시기 : 1876년
멸종 원인 : 사냥으로 멸종.

글 크리스티나 반피

밀라노 대학교에서 자연 과학을 전공하고 학교에서 학생들에게 과학을 가르쳤습니다. 20년 동안 과학 및 놀이 과학 영역을 연구하고 가르치며 활동했습니다. 전문 과학 및 교육학과 관련한 글쓰기 활동을 해왔으며, 특히 어린이와 청소년을 위한 과학책을 집필했습니다.

그림 로셀라 트리온페티

1984년에 태어난 로셀라 트리온페티는 어렸을 때부터 서점과 도서관에서 동물 그림책을 즐겨 보았습니다. 그림에 대한 관심과 재주는 그때부터 시작되었어요. 예술학 학위를 받고, 일러스트레이션과 그래픽 작업을 하기 시작했지요. 지금은 어린이책의 일러스트레이터 겸, 앱과 게임의 디자이너로 일하며 실력을 인정 받고 있습니다.

옮김 김지연

한국외국어대학교 졸업 후 국내외 저작권을 중개·관리하는 팝 에이전시를 운영하며, 어린이들에게 꿈과 희망을 주는 책을 찾고 우리말로 옮기는 일을 하고 있습니다. 옮긴 책으로 『최강 파충류 선발대회』, 『양심 팬티』, 『발, 발, 누구 발?』 등이 있습니다.

온근히 이상하고 신비한 멸종동물

개정판 1쇄 발행 2025년 6월 30일 | **글** 크리스티나 반피 | **그림** 로셀라 트리온페티 | **옮긴이** 김지연
펴낸곳 보랏빛소 | **펴낸이** 김철원 | **책임편집** 윤선주 | **디자인** 진선미 | **마케팅·홍보** 이운섭
출판신고 2014년 11월 26일 제2015-000327호 | **주소** 서울시 마포구 양화로1길 29 2층
대표전화·팩시밀리 070-8668-8802 (F)02-323-8803 | **이메일** boracow8800@gmail.com

ISBN 979-11-94356-33-2 (74490)

WSKids WHITE STAR KIDS